DET LILLE HEFTET OM

FORRETNINGS- DESIGN

Å komme i gang

JONAS ALTMAN - MONIKA HESTAD

BRANDVALLEY
PUBLICATIONS

Det lille heftet om forretningsdesign: Å komme i gang

Denne boken inngår i serien «Det lille heftet om ...»
Utgitt av Brand Valley Publications
© Brand Valley Design Ltd, London 2019

Originaltittel: «The Little Booklet on Business Design» (2nd Edition)
Oversetter: Anne Maria Røe

Layout: Marianne Hollum Lydersen
Illustrasjoner: Silvia Rigoni

Brand Valley Design Ltd
34B York Way
London, N1 9AB
Storbritannia

Brand Valley AS
publications@brandvalley.no
www.brandvalley.no

ISBN 978-1-912220-07-6

INNHOLD

I forretningsdesign benytter gründere og
forretningsutviklere designernes prinsipper for å
virkeliggjøre én eller flere ideer. Metoden starter
med å ta utgangspunkt i verdien man ønsker å gi til
kunden, deretter utvikles hele forretningen ut fra
det samme verdisettet. Ved å kombinere analytisk og
strategisk tenkning med intuisjon og visualisering,
vil du bli bedre rustet til å skape
en solid virksomhet.

FORORD

Av Mo-Ling Chui

Jeg setter stor pris på å få skrive forordet i den nye utgaven av *Det lille heftet om forretningsdesign*, som sammenfatter og utkrystalliserer et vell av kunnskap, praksis og erfaring i form av en håndbok.

Jonas og Monika evner å fremstille den nyeste tankegangen i forretningsdesign i en praktisk ramme og på en enkel måte. Fordi tankene blant annet stammer fra gruppearbeid og egen praksis som forelesere, designere og konsulenter, kan konseptene og stegene som presenteres tilpasses mange ulike sammenhenger. Dette komprimerte og viktige heftet er fullpakket med verdifulle råd og strategisk tenking både for dem som jakter på nye forretningsideer og dem som ønsker nye perspektiver, vekst og å redefinere målene.

Design og innovasjon har alltid vært nøkkelord i forretningsdrift. Nå er dette viktigere enn noensinne siden næringslivet endrer seg raskt, og usikkerhet, teknologiske omveltninger og nye modeller for avkastning er den nye malen. Indeksen for designverdi fra Design Management Institute[1] viser at designdrevne firmaer har overgått aksjeindeksen med 219 prosent de siste ti årene.

Du trenger imidlertid ikke å være teknologisk innovatør for å utarbeide en prototype, validere og teste. Prinsippene i forretningsdesign kan både benyttes for salg av sitronsaft, varemerker, tjenester eller digitale produkter. Verktøyene og fremgangsmåtene i heftet lar deg kombinere gründerens visjoner og motivasjon med markedets skiftende behov i utviklingen av en bærekraftig forretningsmodell.

Heftet får på en briljant måte leserne til å stille seg de rette spørsmålene på et riktig tidspunkt. For å sitere Jocelyn K. Gleis gjengivelse av forretningsguru Clayton Christensen: *Questions are places in your mind where answers fit. Asking the right question invites expansion into a meaningful direction ...*

De strategiske spørsmålene som stilles i heftet om forretningsdesign, vil bidra til å omvandle ideene dine til planlegging og praktisk gjennomføring. I tillegg er skissen for gruppearbeid og de ulike referansene og verktøyene nøkkelressurser du kan fordype deg i.

Det lille heftet om forretningsdesign er en optimal grunnstamme for studenter innen ledelse eller forretningsdesign, og gründere og forretningsdrivere som vil oppdatere seg og tilpasse seg et moderne tankesett innen innovasjon. Dette tankesettet har en nysgjerrig, tilpasningsdyktig og iterativ (repeterende) tilnærming til problemer, og kreative løsninger kan gi grobunn for store forretningsideer.

Lykke til med lesningen!

Mo-Ling Chui,

Course Director, BA (Hons) Design Management and Cultures, London College of Communication, University of the Arts London

HVORFOR DETTE HEFTET?

Benytt allerede utprøvde designmetoder i utviklingen av din forretningsidé.

Som barn har mange etterlignet den lokale nærbutikken og solgt saft fra en hjemmelagd disk ute på gaten. Dette er et enkelt eksempel på forretningsprinsippene i større bedrifter: Hvordan tjene penger (selge sitronsaft), kostnader (kjøpe inn sitroner), og hvordan man skaper gode kundeforhold (ved å være sjarmerende).

Eksempelet med saftboden fungerer godt for enkelte bedrifter, mens for andre er det utarbeidet nye måter for å utvikle produkter og lansere dem på markedet. Innovative virksomheter videreutvikler forretningsmodellene kontinuerlig i takt med teknologiske fremskritt.

I dag kan en ung gründer velge å avsløre hemmeligheten bak saftoppskriften for å promotere andre produkter. Eller hun kan levere ferske sitroner eller andre ingredienser hjem til kundene via et fast abonnement på internett. Hun kan skape et profesjonelt nettverk av unge som selger saft på gaten parallelt med å etablere et nettforum der man utveksler erfaringer og støtter hverandre. Mulighetene er nærmest uendelige.

Mens vi på den ene siden er vitne til en rekke nyetableringer, er det enkelte selskaper som går konkurs, mens andre stagnerer og mister markedsandeler til helt nye og «forstyrrende» aktører. Hvorfor lykkes enkelte virksomheter og andre ikke? Hvordan klarer markedslederne å få eksisterende kunder til å bruke sine hardt opptjente penger på nye produkter og tjenester? Hva er de grunnleggende egenskapene man trenger for å lykkes i dagens stadig skiftende forretningslandskap? Er det kun egen kreativitet og drivkraft som setter begrensninger for suksess, eller er det andre faktorer?

Vi mener det er to grunnleggende suksessfaktorer. For det første har de nye bedriftene som hovedoppmerksomhet hvilke opplevelser og verdier de ønsker å tilby kundene. Dette i motsetning til eksisterende, som har hatt mer oppmerksomhet på enkelte produkter eller teknologi som de skal selge. For det andre tiltrekker nye bedrifter seg talentfulle medarbeidere ved å sette kundeopplevelsen i sentrum. Det er mennesker som skaper en bedrift, og suksess oppnås gjennom kollektivt engasjement og felles anstrengelser. Suksessfulle bedrifter går både med overskudd og gir meningsfylte oppgaver til de ansatte. En designtilnærming vil bidra til å utvikle denne typen tilpasningsdyktig forretningsvirksomhet.

Design har lenge hatt en fremtredende plass innen produksjon. 1920-årene var begynnelsen på den moderne designeren, og designerne flyttet seg fra kunstlaugene og inn i industrien. Designernes formål den gang var å bruke fabrikker for å utvikle «vakre hverdagsvarer» i et stort omfang slik at de skulle bli tilgjengelige for massen.[2] Dette sto i stor kontrast til håndverksprodukter, hvor få personer fikk tilgang til produktene og måtte betale en høyere pris for disse. I nyere tid er det oppstått en trend med at bedrifter benytter designere til mer enn å skape attraktive produkter.[3] Tidligere var styrerommet i stor grad begrenset til finans- og bedriftsøkonomer og jurister, mens nå inviterer i større grad progressive organisasjoner designere inn på høyeste nivå i bedriften. I noen virksomheter, som for eksempel Airbnb, er designere blant grunnleggerne. Handelshøyskoler inkluderer designtenkning som en tilnærming til innovasjon som en del av pensum, noe som igjen er med på å endre uttrykket på og innholdet i bøker om forretningsutvikling.

I dette skiftet er virksomhetsområdet til designere utvidet fra produktutvikling og visuell identitet til også å omfatte tjenester, systemer og selve arbeidsprosessen. Det er denne utvidelsen av faget som dette heftet er en del av.

Det er en helhetlig tilnærming til forretningsutvikling som du vil møte i denne boken. Forretningsdesign omfatter personer, teknologi, marked og struktur – og gir forståelse av samspillet mellom disse faktorene. Tilnærmingen kan benyttes til både å skape produkter, tjenester, kampanjer og nye virksomheter.

Vi benyttet den samme tilnærmingen da vi utviklet dette heftet. Vi tilegnet oss ny kunnskap ved gjentatt testing i gruppearbeid med gründere og konkrete scenarioer med kunder. Design-metodene heftet baseres på er kreative og benytter visualisering for å utforske nye muligheter. Teknikkene lar deg se bedriftens utfordringer fra et designperspektiv. De setter potensielle kunder og hvilken verdi du kan tilføre disse kundene i sentrum for utviklingen av dine produkter og tjenester. De forsøker også å forenkle språket brukt i konvensjonell forretningsutvikling til noe som er intuitivt.

I dette tidlige stadiet av idéutviklingen ber vi deg stille deg selv følgende spørsmål:

- Hvorfor starter du dette prosjektet eller denne bedriften?
- For hvem starter du opp?
- Hvilke behov finnes det for det du utvikler?
- Hva er dine egne verdier, og hvordan påvirker verdiene de opplevelsene du tilbyr dine kunder og ansatte?

Spørsmålene kan hjelpe deg med å fokusere på hva kunder faktisk ønsker seg istedenfor at du selv prøver å skape et behov for dine produkter. Spørsmålene vil også hjelpe deg med å designe en bedrift du er stolt av å være en del av. Ved først å identifisere din egen inspirasjon og drivkraft kan du både skape en bedriftskultur som motiverer de ansatte og et tilbud som er attraktivt for kundene.

Velkommen til forretningsdesignens verden, hvor din egen idé kan utvikles gjennom en rekke stadier og kanskje bli det neste store!

HVA VIL DU OPPNÅ

Formålet med heftet er å gi deg metoder til å utvikle en idé til et levedyktig prosjekt. Prosessen med å lansere et nytt konsept på markedet starter med en såkalt «tåkete begynnelse» (fuzzy front end).[4] Når man utvikler et nytt forretningskonsept, kan det oppleves som diffust og usikkert i starten. Du vet verken hvilken retning eller hvilke innledende steg du skal ta. Øvelsene i dette heftet vil være praktiske verktøy som hjelper deg med å realisere din egen forretningsidé. Du vil erfare at den første ideen ikke trenger å være klart definert før den blir testet på markedet.

Steg-for-steg-prosessen som vi introduserer lenger ut i heftet – *Ramme inn, forme, bekrefte* og *igangsette* – hjelper deg med å utkrystallisere din idé. I hvert av stegene gir vi deg oppgaver som vil hjelpe deg med å utvikle din virksomhet og realisere ideene.

I kapittelet om refleksjon deler vi fem nøkkelprinsipper som vi identifiserer som viktige når du skal utvikle en virksomhet: *Kreativitet, tilpasningsdyktighet, integrering, stabilitet* og *formål.* Kreativitet er drivkraften bak enhver tilpasningsdyktig bedrift. Tilpasningsdyktighet er påkrevet siden en vil møte både medgang og motgang når en bygger opp et prosjekt eller en bedrift. Integrering betyr at alle aktiviteter skal fremme det samme målet. En etterstreber stabilitet for å bygge opp en levedyktig virksomhet. Sist, men ikke minst, er det viktig å ha et formål, for ellers gir det ingen mening å starte et nytt prosjekt eller en bedrift.

Det å utvikle en virksomhet er en lang læringsprosess. Hver eneste dag vil du få en dypere forståelse av hva virksomheten trenger. Planlegging spiller en viktig rolle i alle bedrifter, men det avgjørende er å realisere planene. Gjennom denne utviklingsprosessen vil den opprinnelige ideen ofte ende opp som noe helt annet. Til slutt vil du få en oversikt over prinsippene bak forretningsdesign, samt metoder som hjelper deg med å realisere din egen forretningsidé.

Tar du deg tid til å utforske våre metoder, vil du kunne skape nye og gjennomførbare ideer, lede teamet på en god måte og utvikle bedriften videre. Ved å ha heftet for hånden når du trenger det, kan du:

- Utvikle et konsept som gir verdi til kunden
- Få inspirasjon til å starte en ny bedrift eller endre en eksisterende virksomhet
- Bekrefte grunnen til at du er næringsdrivende og hvordan du kan forbedre verden
- Utforske fordelene med godt teamarbeid
- Tilpasse din visjon til produktet og markedet
- Visualisere din forretningsmodell
- Lage profil av potensielle kunder
- Sette planen ut i livet

EN VERDIG IDÉ

Forretningsideen er god når den har verdi for kunden.

Før du starter med steg-for-steg-prosessen i neste kapittel, trenger du en idé som er verdt å utvikle videre til en virksomhet. Menneskehjernen arbeider kontinuerlig med nye ideer. Noen er bare løse tanker som forsvinner igjen, mens andre slår rot og vokser. Vi er interessert i den siste utgaven og har utviklet heftet om forretningsdesign på bakgrunn av dette.[5] Du finner kilder som kan hjelpe deg med å skape ideer i ressurskapittelet bakerst i heftet.

HVOR STAMMER GODE IDEER FRA?

Det finnes ikke noe enkelt svar på dette spørsmålet. I denne boken har vi tatt med fire ulike historier som illustrerer hvordan forretningsideer kan oppstå: *For å ivareta kundenes behov, ved en tilfeldighet, ved en allianse mellom to ulike områder, eller som et resultat av tålmodighet.*

For enkelte kan de beste ideene oppstå når man slapper av, ikke er på jobb, om kvelden, eller på fritiden. Mange kan bekrefte at forretningsideen oppsto mens de var på ferie eller sto i dusjen. Enkelte suksessrike gründere er kjent for å ta lange spaserturer eller å mosjonere regelmessig, mens andre har en notisblokk ved siden av sengen og skriver ned ideer fra drømmene sine. Nye ideer kan også oppstå når en står overfor korte tidsfrister. I et arbeidsmiljø har en også muligheten til å utvikle ideer sammen med medarbeidere. Variasjon skaper innovasjon, og det er i samspillet mellom forskjellige mennesker, bransjer og yrker det oppstår virkelig magi.[6]

Andre viktige kilder til nye ideer er potensielle kunder. Hovedsaken er å være forberedt på når og hvordan ideer oppstår.[7]

Å velge den riktige ideen for videreutvikling er en stor utfordring. Selv de beste ideer kan virke lite lovende i starten. En forretningsidé vil man ofte først se om har livets rett når den har fått tilslag i markedet. Det vil si at noen ønsker å bruke penger på din bedrift. Vår prosess vil hjelpe deg videre med dette og gi deg en rekke verktøy til å prøve ut om ideen lar seg realisere. Prosessen er ideell for gruppearbeid slik at du kan få tilbakemeldinger om løsningen du utvikler er tilpasset markedet. Å dele ideen med andre kan hjelpe deg videre, men vær klar over at det er lite sannsynlig at alle vil like den. Tilbakemeldinger er imidlertid poenget, ikke at alle faller for ideen.

Når du inviterer bekjente eller kollegaer for å hjelpe til med å videreutvikle en idé, bør du velge mennesker med ulike ferdigheter, men sørg for at de utfyller hverandre og er løsningsorienterte. Airbnb, den verdensledende aktøren på korttidsutleie, ble opprinnelig sett på som en dårlig idé av mange. Paul Graham, som var med på å grunnlegge teknologi-inkubatoren Y-Combinator, støttet Airbnb. Ikke på grunn av det konkrete konseptet, men lidenskapen og dyktigheten til teamet bak ideen.

Mens virksomheten utvikles over tid, bør du være observant på din egen besluttsomhet, fleksibilitet og energi. Alle disse faktorene vil spille vesentlige roller. De beste ideene bør gjenspeile noe fra ditt eget verdisett, det du brenner for samt noe du og ditt team faktisk kan bygge opp. Det skader heller ikke om noen få andre har kommet på eller utprøvd den samme forretningsideen. Det betyr ofte at det er et potensielt marked for den. Ved å legge i din egen personlighet og forretningsdrift kan ideen likevel bli oppfattet som unik.

DETTE FIRMAET OPPSTO FOR
Å MØTE ET BEHOV

I Sverige førte et påbud om hjelm for barn som sykler til en debatt om loven også skulle omfatte voksne. Enkelte motstandere uttalte at de heller ville risikere å bli skadet enn å ødelegge den nye frisyren. Anna Haupt og Terese Alstin tok dermed utfordringen og designet en hjelm som var «usynlig» til det skjedde et uhell. Da ville en beskyttende hette utstyrt med airbag utløses automatisk. Etter sju år med iherdig forskning og testing ble produktet lansert, og Hövding AB var en realitet.

https://hovding.com

TRENGER DU EN IDÉ?

Hvis du ikke har noen egen forretningsidé ennå, kan du stille deg selv de følgende nyttige spørsmålene. Når du har svart på disse, er det bare å komme med forslag til løsninger, og du har en begynnelse på en forretningsidé:

«Er det noe som plager deg og kanskje tusenvis av andre, hver dag? Ser du for deg en gjennomførbar løsning på problemet?»

Svar:

Løsning:

«Har du observert en uvanlig forbrukeratferd som har gitt deg en potensiell forretningsidé?»

Svar:

Løsning:

«Hvordan kan din forretningsidé bidra til en bærekraftig fremtid?»

Eksempel: BRIGHT er et norsk firma som ivaretar personer som trenger lys uten tilgang til strømnettet. Produktene gir millioner av mennesker verden over muligheten til lys uten å være avhengig av elektrisitet. Dette betyr at barn kan bruke BRIGHTs lamper til å gjøre lekser om kvelden og gjennom dette skape seg en fremtid.

FNs bærekraftsmål for 2030
1. *Utrydde fattigdom*
2. *Utrydde sult*
3. *God helse*
4. *God utdanning*
5. *Likestilling mellom kjønnene*
6. *Rent vann og gode sanitærforhold*
7. *Ren energi for alle*
8. *Anstendig arbeid og økonomisk vekst*
9. *Innovasjon og infrastruktur*
10. *Mindre ulikhet*
11. *Bærekraftige byer og samfunn*
12. *Ansvarlig forbruk og produksjon*
13. *Stoppe klimaendringene*
14. *Liv under vann*
15. *Liv på land*
16. *Fred og rettferdighet*
17. *Samarbeid for å nå målene*

«Hva kan du gjøre for å nå bærekraftsmål nr. ...»

Svar:

Løsning:

«Hvordan kan du bidra til mer ...»

Svar:

Løsning:

«Hvordan kan du bidra til mindre ...»

Svar:

Løsning:

«Finnes det noen nært forestående lovendringer som kan skape nye forretningsideer?»

Svar:

Løsning:

«Har du hatt opplevelser som endret livet ditt? Mange har snudd både negative og positive opplevelser til suksessrik forretningsdrift – kan du selv gjøre dette?»

Svar:

Løsning:

«Hva vil skje hvis du kombinerer din og en eller flere venners jobb og skaper en virksomhet der dere utfyller hverandre?»

Svar:

Løsning:

«Kan du ta dine ferdigheter og ekspertise fra en sektor og overføre dem til en annen?»

Svar:

Løsning:

Er du fortsatt tom for ideer?

Ta et bad, slapp av og vent til det rette øyeblikket melder seg. Eller ta en kikk på våre ressurser og verktøy (s. 103) for å få inspirasjon.

STEG-FOR-STEG-PROSESSEN

Steg-for-steg-prosessen gir deg en naturlig utvikling av din forretningsidé.

Steg-for-steg-prosessen gir en naturlig fremdrift som hjelper til med å utvikle dine egne ideer. Du kan tilnærme deg bruk av disse oppgavene på forskjellige måter:

Som en øvelse for deg selv med penn og papir

Som en gruppeøvelse med penn og papir

Som et mer omfattende gruppearbeid med forskjellige visuelle hjelpemidler

STEG 1
RAMME INN

Utvikle ideen din til et selgende konsept som du enkelt kan dele med andre.

OPPGAVE 1.1

KONKRETISER IDEEN

Videreutvikle ideen ved å skrive den ned flere ganger før du formulerer en konkret forretningsidé.

Definer hva ideen dreier seg om og hva du mener du kan tilby kundene. Beskrivelsen trenger bare å bestå av to til tre setninger.

Bruk gjerne malen på neste side for å komme i gang.

MERK: Ideen vil utvikle seg videre så snart du starter å definere den. Gjennomfør oppgaven på nytt når du er kommet lenger i prosessen. Dette kan hjelpe deg med å spisse ideen.

Løse tanker og ideer:

Forretningsideen:

Hvordan representerer den noe nytt?

Hvem er den for?

Hva er din motivasjon for å videreutvikle ideen?

OPPGAVE 1.2

KUNDEPROFILER

Nå er det på tide å definere potensielle kunder og hvorfor disse vil være interessert i ideen. Skal du lansere et produkt som andre kan kjøpe? Skal du yte service til enkeltpersoner eller andre firmaer? Skal du selge et større volum av unike produkter i relativt små mengder, eller en mindre mengde av populære gjenstander i større kvanta – alternativt begge deler?

Skisser én eller flere potensielle kundeprofiler. Skriv ned kundenes potensielle verdier, holdninger, atferd og antipatier.

> MERK: Hvis du skal tilby produkter eller tjenester til andre bedrifter, kan du starte med å lage en profil på disse firmaene.

Bedrift
Hvis kunden er en bedrift, kan du beskrive organisasjonen
som skal kjøpe dine tjenester:

Organisasjon(er):

Beslutningstaker(e):

Hvorfor er tilbudet ditt relevant?:

Andre temaer:

Sluttbruker

Beskriv personen som har behov for tilbudet:

Navn/profil:

Bosted, alder og andre fakta:

Verdier som er viktige for denne kunden:

Hvorfor er tilbudet ditt relevant?:

Andre temaer:

OPPGAVE 1.3

KUNNSKAPSBEHOV

En lettere undersøkelse kan hjelpe deg å bekrefte noen av tankene du gjorde deg da du definerte kundene i oppgave 1.2. Dette gjelder særlig hvilke kundebehov du vil ivareta i din forretningsmodell.

Lag en skissemodell av forretningskonseptet ditt for å dele den med andre. En skissemodell er en enkel skisse som representerer forretningen. Denne kan være enkle tegninger, en Power-Point-presentasjon eller en iscenesettelse av konseptet gjennom å gjøre et rollespill. Målet er at det enkelt skal la deg dele ideen med andre.

Planlegg hvordan du kan presentere ideen på en overbevisende måte slik at den er lett å forstå for andre.

Introduser skissemodellen overfor så mange personer som mulig. Dette vil gi deg verdifulle tilbakemeldinger om det er reelt behov for konseptet og om det i så fall er mulig å videreutvikle dette.

Hvilke(n) deler (del) av konseptet vil du lage en skissemodell av? (Første skisse).

MERK: Når du bedriver denne typen undersøkelser, må du være klar over at en enkel skissemodell ikke vil fremstille konseptet på samme måte som en ferdigutviklet prototype. Konseptet kan være riktig, men svarene du mottar kan være feil siden du ikke spurte de riktige personene, eller du fremstilte konseptet på en feilaktig måte. Hvis du har et svært originalt konsept, kan andre trenge tid til å venne seg til ideen før de oppdager dens verdi – mennesker misliker ofte det ukjente.

Hva vil du oppnå med å lage en skissemodell av forretningskonseptet?

Hvordan tror du folk vil oppleve forretningskonseptet?

Hvem vil du presentere skissemodellen for?

Spørsmål jeg ønsker å stille:

OPPGAVE 1.4

VERDIFORSLAG

Så snart du har mottatt noen tilbakemeldinger på ideen, kan du være klar til å definere fordeler og opplevelser som din løsning innfrir. Et verdiforslag er de totale fordelene og opplevelsene ditt tilbud innfrir til kundene.

Hvorfor skal kundene velge ditt produkt fremfor konkurrerende produkter?

Definer de spesifikke opplevelsene og fordelene du kan gi kundene.

Kundeopplevelse:

MERK: Fordelene er det du har å tilby kunden. Hvis du for eksempel utvikler et system for datalagring i skyen, kan de funksjonelle fordelene være å hjelpe mennesker med å lagre datafiler på en sikker måte. De emosjonelle fordelene er at kunder kan lagre filer på en enkel og problemfri måte. Identitetsfordeler ved et slikt produkt er at du får personer til å virke profesjonelle eller miljøbeviste dersom ditt system gir null utslipp.

Funksjonelle fordeler:

Emosjonelle fordeler:

Identitetsfordeler:

STEG 2
FORME

Beskriv konseptet i detalj ved å definere formål, personer og prosedyrer.

OPPGAVE 2.1

DEFINER FORMÅL

Akkurat som superhelter har suksessrike bedrifter et tydelig formål. I tillegg har de en visjon som sier noe om hvilket samfunn de ønsker. Formålet med din virksomhet kan være hva du hjelper kundene med å oppnå, eller det kan være noe som organisasjonen ønsker å få gjennomført.

Det finnes ulike abstraksjonsnivåer for en visjon. Den skal gjerne si noe om hvorfor man gjør det man gjør. Den kan være basert på organisasjonens ønsker, men den kan også ha en samfunnsmessig dimensjon.

En ambisiøs visjon bør være kort og inspirerende.

Bruk verktøyet på neste side til å forvandle din forretningsidé til en ambisiøs visjon.

MERK: Du kan selv velge hvor du starter i modellen. For noen vil det være tydelig hvordan de skal tjene penger, men den samfunnsmessige verdien er ikke så tydelig i begynnelsen i det man gjør. For andre kan det være omvendt. Mens forretningsideen er konkret og håndfast, er gjerne visjonen abstrakt og høytflyvende. Hvor høytflyvende den er, kommer an på hva som inspirerer deg og teamet ditt. Det viktigste med denne øvelsen er å få et verktøy som gjør at din bedrift kan ta ut sitt strategiske potensial.

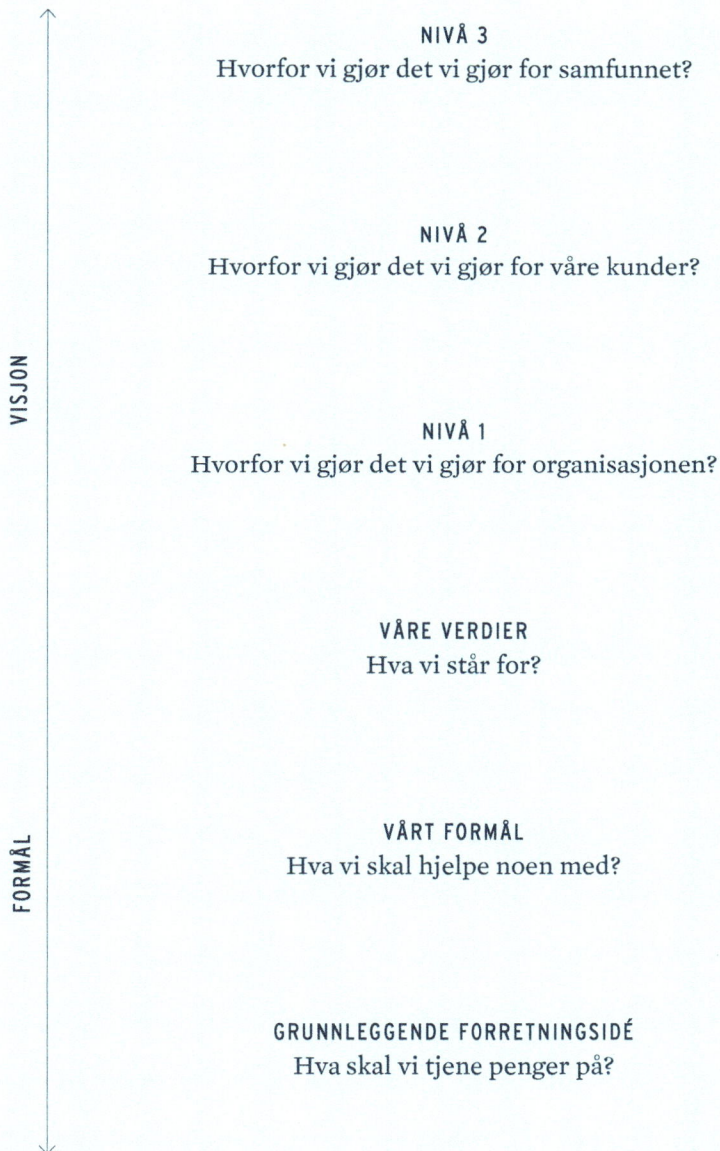

NIVÅ 3
Hvorfor vi gjør det vi gjør for samfunnet?

NIVÅ 2
Hvorfor vi gjør det vi gjør for våre kunder?

VISJON

NIVÅ 1
Hvorfor vi gjør det vi gjør for organisasjonen?

VÅRE VERDIER
Hva vi står for?

VÅRT FORMÅL
Hva vi skal hjelpe noen med?

FORMÅL

GRUNNLEGGENDE FORRETNINGSIDÉ
Hva skal vi tjene penger på?

OPPGAVE 2.2

PERSONER OG PARTNERE

Å få med de rette personene på laget og identifisere strategiske partnere er viktig for å videreutvikle bedriften.

Kartlegg alle de ulike ressursene du trenger for å drive bedriften.

Definer hvem disse personene kan være. Basert på din grunnleggende forretningsidé, hvem vil det være nødvendig å ha med i teamet, og hvem kan bli dine partnere?

Planlegg den beste måten å tilnærme seg disse på, og når.

Lag et tankekart over ressursene du trenger.
Identifiser hvilke personer du trenger for å realisere forretningsideen
basert på hvilke ferdigheter som trengs. Definer hvilke du må ha som en
del av teamet og hvilke som kan være partnere.

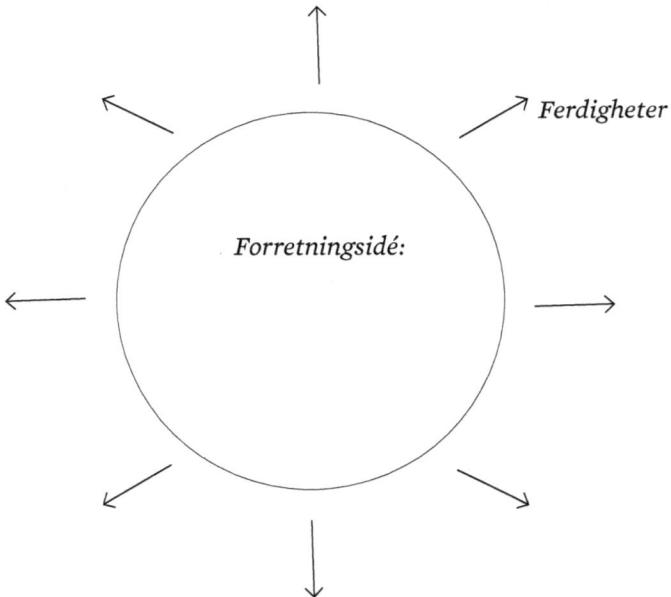

Ferdigheter

Forretningsidé:

Hvordan rekrutterer du de aller beste talentene for å realisere din forretningsidé?

Hvordan kan du bygge et nettverk som er best mulig tilpasset din forretningsidé?

Hvilken type lederskapsferdigheter er nødvendig for å bygge videre på ideen?

Hvordan kan du få andre personer til å dedikere seg til bedriftens visjon?

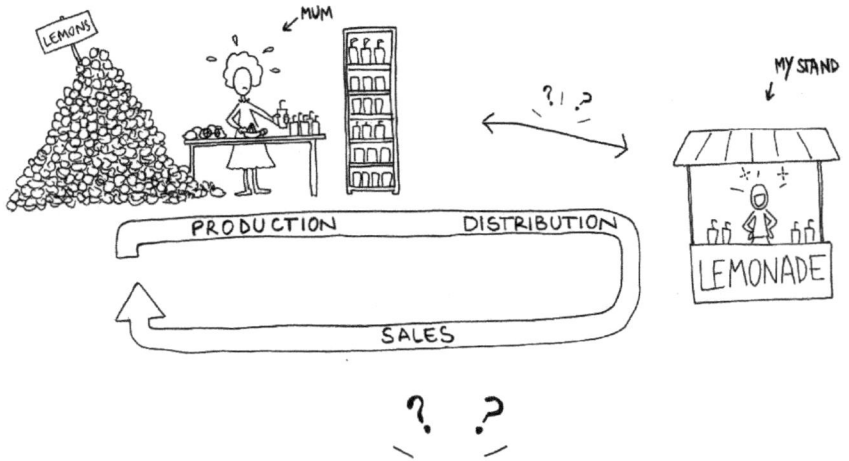

OPPGAVE 2.3

PLANLEGGING OG PROSESSER

Alle oppgaver i en bedrift kan ses på som prosesser: Hvordan produktene eller tjenestene utvikles og produseres, hvordan tilbud skrives, hvordan produktene leveres, hvordan møtene organiseres og så videre. Hvilke prosesser trenger du for å få din idé ut på markedet?

Visualiser disse prosessene eller skriv dem ned. Videreutvikle prosessene ved hjelp av ulike scenarioer for bedriften. Spør deg selv: Hvor stor betydning har salg for vår bedrift? Hvordan markedsfører vi tilbudene våre? Hvor mye av distribusjonen har vi selv ansvaret for?

Det hjelper å visualisere det som er nødvendig for å utvikle forretningskonseptet – for eksempel et opplæringsprogram for de ansatte, regelmessig konkurrentanalyse, leverandørenes retningslinjer, kvalitetskontroll, eller kunderelasjonshåndtering (CRM).

MERK: Bli inspirert av andre forretningsmodeller og tegn opp ulike konsepter på hvordan forretningsdriften kan organiseres. For eksempel er en av grunnene til Amazons suksess rask distribusjon og levering av varer. Om du brukte dette prinsippet på egen modell, hvordan ville forretningsmodellen din se ut?

Prosesser som er relevante for min bedrift
Gjør enkle visualiseringer og beskrivelser av prosessene.

STEG 3
AVKLARE

Avklar ideen ut fra kundenes behov, potensielle inntekter, utgifter og overskudd. Husk at nyetablerte prosjekter og bedrifter ofte trenger lang tid for å gå med overskudd, og det kreves ofte større ressurser enn det som opprinnelig var stipulert.

OPPGAVE 3.1

SWOT

Å finne muligheter og takle utfordringer er svært viktig for alle gründere og alfa og omega for å utvikle en bedrift og å få den til å vokse. For å definere din egen virksomhet kan det ofte være nyttig å foreta en SWOT-analyse: Styrker (strengths), svakheter (weaknesses), muligheter (opportunities) og trusler (threats).

Lag en liste over spesifikke utfordringer og muligheter bedriften kan møte. Sørg for å formidle hvilke forutsetninger du opererer med, og i hvilken grad du vil være avhengig av andre personer i teamet.

Inviter andre til å diskutere muligheter og utfordringer med deg. Kjenner disse personene til andre temaer som må tas i betraktning?

SWOT

Styrker

Svakheter

Muligheter

Trusler

OPPGAVE 3.2

HVORDAN TJENE PENGER

Nå har du fått kjennskap til alle nøkkelaktivitetene og hva som må gjøres. Men det er også svært viktig å ha en god forståelse for hvordan du bruker og tjener penger.

Begynn med å liste opp stipulerte utgifter og inntekter. Du kan utforske litt for å finne sammenlignbare tall og lage et estimat som vil være en mal for ditt eget budsjett. Du kan endre og oppdatere denne resultatberegningen etter behov.

HVORDAN SKAL DU TJENE PENGER?
(Inntektskilder)

F.eks. selge saft
Du kan utforske mer enn én potensiell inntektskilde

MERK: Når du setter forretningsideen ut i livet, er
det sannsynlig at du vil gå med tap. Du kan derfor
måtte kalkulere med et nullresultat det andre året.
Uansett bør målet være å redusere utgiftene og øke
inntektene fortløpende.

HVA TRENGER DU Å BRUKE PENGER PÅ?
(Kostnader)

ENGANGS-INVESTERINGER

Investeringer for å igansette forretningsideen, for eksempel saftpresse

FASTE KOSTNADER

Kostnader som er faste uavhengig av inntekter, for eksempel leie av kjøkken

VARIABLE KOSTNADER

Kostnader som varierer med omsetningen, for eksempel innkjøp av sitroner til saft

Hva skal til for at du skal få profitt (inntjening høyere enn utgiftene)?

OPPGAVE 3.3

FORRETNINGSMODELL

I innledningen av heftet bruker vi salg av saft for å forklare en forretningsmodell på en enkel måte. Nå er det på tide å sette sammen din forretningsmodell. Illustrasjonen av saftdisken viser en tradisjonell forretningsmodell for å selge saft. Det finnes imidlertid hundrevis av andre måter for organisering av bedriften. Vekten kan for eksempel legges på markedsføring, salg eller distribusjon. Dette vil igjen gi deg tre fullstendig ulike forretningsmodeller.

For å sette sammen alle de ulike aspektene i forretningsmodellen er Alexander Osterwalders *Business Model Canvas* et velprøvd verktøy som omfatter alle nøkkelelementene i en forretningsmodell.[8] Når du har en forretningsidé, kan dette verktøyet hjelpe deg med raskt å utvikle ulike potensielle forretningsmodeller. Hver gang du utvikler en ny forretningsmodell, lærer du noe om hva som kan være den ideelle. Til slutt vil ditt eget «saftsalg» være levedyktig.

Bruk verktøyet på neste side for å sette sammen alle basiselementene i din forretningsmodell.

> MERK: Det er flere som har utviklet lignende maler. Om du vil utforske noe annet, se ressurskapittelet for tips.

The Business model canvas
www.businessmodelgeneration.com

PARTNERE	NØKKELAKTIVITETER	VERDIFORSLAG
Butikken som leverer sitron (oppgave 2.2)	*Presse saft og selge saft (oppgave 2.3)*	*Nypresset saft levert med et tannløst smil (oppgave 1.4)*
	NØKKELRESSURSER *Foreldre som gratis arbeidskraft (oppgave 2.2 og 2.3)*	

KOSTNADSSTRUKTUR

Sitroner

(oppgave 3.2)

MERK: Flere av oppgavene frem til nå har berørt ulike deler av forretningsmodellen. Bruk disse aktivt når du setter sammen modellen.

KUNDEFORHOLD

Direkte salg gjennom sjarm
(oppgave 2.3)

KUNDESEGMENT

Naboer
(oppgave 1.2)

KANALER

Saftstanden (oppgave 2.3)

INNTEKTSKILDER

Salg av saft
(oppgave 3.2)

OPPGAVE 3.4

KONTEKSTUALISERING

Alle gründere og forretningsutviklere vil møte tilbakeslag, men risikoen blir langt mindre hvis du har lagt en grundig plan på forhånd. Nærmere bestemt – hvis og når ting ikke går helt etter planen, kan du lære av dine egne feil.

Du kan sette bedriften i en bredere kontekst ved hjelp av en PESTEL-analyse: Politisk, økonomisk, sosialt, teknologisk, miljømessig og juridisk.

PESTEL

PESTEL	Hvilke trender og endringer vil påvirke deg?
POLITISK	
ØKONOMISK	
SOSIALT	

TEKNOLOGISK	
MILJØMESSIG	
JURIDISK	

MERK: I denne oppgaven skal du identifisere endringsdriverne som vil være av størst betydning for ditt prosjekt.

STEG 4
IGANGSETTE

Bli motivert til å ta spranget.

OPPGAVE 4.1

SELVBEVISSTHET

Til syvende og sist handler det å være gründer og starte et prosjekt om deg selv – din egen motivasjon og utholdenhet.

Definer din egen strategi for hvordan du skal ta bedriften opp på neste nivå.[9]

PERSONLIG STRATEGI

Hvor er du i dag?

Hva drømmer du om? Hvor ønsker du å befinne deg?
(Beskriv den fremtidige deg)

Hvordan skal du komme deg dit?

Hvilke skal være dine samarbeidspartnere?

Hvordan ser suksess ut?

OPPGAVE 4.2

IMPLEMENTÉR OG LÆR

Nå som du har vært gjennom de fire stegene og har fått verdifull innsikt, er det på tide å implementere ideen din.

Implementer forretningsideen med nysgjerrighet og ønske om å lære, og du vil raskt se om du er på riktig spor. Her kan du oppdage at markedet responderer på en uventet måte, at nye muligheter er dukket opp, eller at bedriften utvikler seg mye raskere enn forventet. Igangsetting vil hjelpe deg med å bekrefte din forretningsmodell eller å indikere hvor den trenger å justeres. Du kan også konkludere med at du vil rykke tilbake til start.

Hva er de tre neste stegene du skal gjøre?

Steg 1)

Steg 2)

Steg 3)

HURRA! Gratulerer med å ha gjennomført
steg-for-steg-prosessen i forretningsdesign!

DIPLOM

TILDELES

_____

For gjennomføring av forretningsdesignprosessen.

Navn på prosjekt:

_____

Dato:

_____

DETTE FIRMAET OPPSTO VED
EN TILFELDIGHET

John Rowe, et ivrig friluftsmenneske, var på fjellklatring sammen med venner i British Columbia, Canada. Han hadde en honningkrukke i ryggsekken. Rowe foretrakk naturlige honningprodukter siden han kom fra en familie med rike jordbrukstradisjoner. Ved et uhell snublet han, falt bakover og knuste den medbrakte honningkrukken. Han sølte honning over hele seg og fryktet at verken vennene eller ham selv ville overleve natten siden det var bjørner i området. Heldigvis gikk det bra. Som et resultat av uhellet brukte Rowe de ti neste årene på å konvertere ren honning til en fast masse. Han startet sitt eget firma og har vunnet flere priser for det mest innovative matproduktet både i Canada og resten av verden.

https://honibe.com

BETRAKTNINGER

Ta en titt i kulissene og se hva som utgjør de fire stegene:
Ramme inn, forme, avklare og igangsette.

Utviklingen av en forretningsvirksomhet er sjelden så rettlinjet
som steg-for-steg-prosessen. Å ta en pause, kanskje ett eller to
skritt bakover, vil gi deg mulighet til å reflektere og finjustere
retningen. Tenk på prosessen som en syklus med kontinuerlig
læring og forbedring.

De fire stegene – *ramme inn, forme, avklare* og *igangsette* – vil
ikke bare hjelpe deg med planleggingen, men også bidra til å iden-
tifisere styrker og svakheter ved ideen. Kontinuerlig evaluering
av driften med henvisning til disse stegene er viktig for å drive
ideen fremover og realisere visjonene og målene.

Steg 1: Ramme inn

Personers tilbøyelighet til å sette ting i en ramme er enkel og
naturgitt. Det kan imidlertid være vanskelig å finne og ramme inn
den reelle utfordringen og den riktige løsningen for din bedrift.

Rammeanalyse stammer fra den kanadiske sosiologen Erv-
ing Goffman. Hans fokus var å kategorisere erfaringer og måten
vi oppfatter verden på. Som en billedramme gir struktur ved å
ramme inn innholdet, bruker vi lignende rammeverk på våre
sosiale erfaringer. For å forstå hvilke kundefordeler din idé vil
imøtekomme, kan disse rammes inn ved å skrive dem ned. Når

du redegjør for tankene dine ved å skrive dem, har du begynt å ramme inn ideen din.

Alle store ideer og fordelene som tilbys verden oppsto ved at man fant og rammet inn det konkrete problemet. All forretningsdrift kan rammes inn ved å svare på et spørsmål som begynner med «Hvordan kan …?» I bronsealderen spurte vi: «Hvordan kan vi finne en bedre og raskere måte å forflytte oss på» – og dermed ble hjulet oppfunnet. I det 21. århundre spurte vi: «Hvordan kan kunstig intelligens hjelpe oss med hukommelsen, arbeidet og vårt sosiale liv?» – og dermed oppsto Siri.[10]

Å ramme inn et problem på riktig måte vil gi inspirasjon og drivkraft til nye og handlingsrettede løsninger. Når du videreutvikler bedriften din, vil det være lønnsomt å gå tilbake til dette steget ved jevne mellomrom for å holde deg i riktig spor.

Tilbakemeldinger er svært viktig for å realisere din forretningsidé, men dette kan også være en utfordring. Ikke vær redd for å dele dine ideer med andre. Du vil bli overrasket over hvor støttende og innsiktsfulle forslag fra andre kan være.

Husk at jo mer radikalt konseptet er, jo mer sannsynlig er det å møte motstand. Sørg for at du ikke er forutinntatt, unngå å presse din mening på andre og følg relevante råd fra andre. Kontakt skeptikerne og vær åpen overfor deres forslag – de vil være viktige bidragsytere i din fremtidige virksomhet.

Det er selvsagt viktig å beskytte ditt eget forretningskonsept, men mange gründere er i overkant bekymret for at ideene kan bli kopiert. Husk at det kreves mye for å realisere en forretningsidé. Ikke alle er klare og villige til å gjøre de nødvendige investeringene, så du mister ikke automatisk en forretningsidé selv om du deler den. Om du deler ideen din med personer med integritet, er det liten grunn til bekymring. Hvis du mistenker at din idé vil bli kopiert fordi det er noe helt innovativt i prosessen eller produktet, kan det være nødvendig å beskytte den.

Steg 2: Forme

I forretningsdesign er *Forme-steget* der du begynner å strømlinjeforme forretningsideen og fokuserer på det essensielle. I dette stadiet vil all utforskningen komme til nytte. Etter å ha avdekket kundenes behov og å ha definert fordeler med konseptet, vil du kunne ta klokere avgjørelser vedrørende din fremtidige bedrift.

De to siste tiårene har forsknings- og utviklingsinstitusjoner, designfirmaer og andre konsulentfirmaer utviklet en rekke forskjellige verktøy, inklusive kvalitative utforskningsmetoder, forretningsmodeller, konseptvisualisering og åpen innovasjon. Du finner tilleggsverktøy i ressurskapittelet bakerst i heftet. Disse verktøyene vil være mer effektive og relevante når du setter kundenes verdier og atferd i sentrum. Hvis du har en såkalt empatisk tilnærming i utviklingen, vil bedriften ta form mens du utvikler dens reelle formål.

I *Forme-stadiet* bør du utforske forskjellige roller og scenarioer. Både du som leder, dine ansatte, kunder, partnere og andre personer med tilknytning til virksomheten spiller sine spesifikke roller i dine gjøremål. I dette stadiet er det også viktig å utvikle ulike scenarioer. Scenarioer er det som konkret skjer i bedriften, fra at noen klikker på «kjøp nå»-knappen på hjemmesiden og til at kunden får produktet levert og mottar faktura. På dette stadiet undersøker vi nærmere om hvem og hva som holder virksomheten gående.

Steg 3: Avklare

Avklare-steget består av å kartlegge forretningsmodellen, se på muligheter for forretningsdriften samt å finne risikomomenter og hindringer som kan oppstå. Nøkkelpunkter i dette stadiet er hvordan du kan tjene på forretningsprospektet og ditt verdiforslag.

Vi har brukt metaforen med saftsalg som et eksempel på din bedrift. Denne enkle tilnærmingen er benyttet som hjelp til å

DETTE FIRMAET OPPSTO VED
EN ALLIANSE

Hva om du tok en teknologibedrift og slo den sammen med en sjokoladefabrikk? Timothy Childs, en av grunnleggerne bak Tcho, gjorde dette da han fusjonerte en ny bedrift i Silicon Valley med næringsmiddelindustri i San Francisco. Childs jobbet tidligere med NASAs romprogram, og hans forretningspartner Karl Bittong var veteran fra sjokoladeindustrien. Kombinasjonen av Childs innovative drivkraft og Bittongs lidenskap for smak var svært vellykket. Selskapet legger stor vekt på tilbakemeldinger fra kunder i utviklingen av nye sjokoladeprodukter. Det har også designet et unikt system for å identifisere og kategorisere spesifikke smakstyper. Dette promoterer en bærekraftig forretningsmodell ved å støtte kakaobønder og økonomisk vekst i lokalsamfunnene der disse bøndene bor.

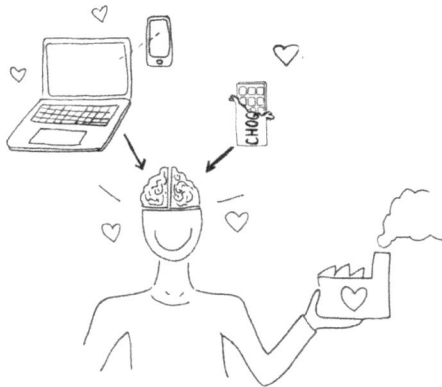

https://tcho.com

visualisere de forskjellige delene av virksomheten. Det er imidlertid lite sannsynlig at eksempelet med saftsalg vil være skreddersydd til din forretningsdrift, sørg derfor for å balansere intuisjon og pragmatisme når du utformer din forretningsidé. SWOT- og PESTEL-analysene vil hjelpe til med å bekrefte bedriften. Samtaler med kunder er den aller beste måten for å forsikre deg om at bedriften vil være levedyktig.

I *Avklare-stadie*t er det også viktig å være klar over hvilken sammenheng bedriften vil operere i. Det er sannsynlig at eksterne faktorer vil påvirke forretningsdriften, dermed er det viktig å være tilpasningsdyktig slik at du kan reagere raskt på endrede omstendigheter. Husk imidlertid at det å utvikle en bedrift i stor grad dreier seg om handling.

Steg 4: Igangsette

Det siste stadiet er *Igangsetting* hvor alt blir gjennomført. Her ser du forretningsideen bli realisert som en levedyktig ny bedrift eller et nytt prosjekt.

Det å sette igang handler om hva en gründer og teamet klarer å utrette sammen. Skal du være gründer eller sette igang store prosjekter i en organisasjon, må du gjøre konkrete endringer i livet. For eksempel kan det være nødvendig å flytte til et nytt sted sammen med familien. Sannsynligvis må du skaffe til veie kapital ved hjelp av sparepenger, familie, venner, forretningsengler, investorer eller banker. Skal du sette i gang et nytt prosjekt internt i en bedrift, må du for eksempel sikre forankring i organisasjonen og få på plass budsjett og ressurser. Skiller ideen seg radikalt fra kjernevirksomheten, må man kanskje starte en ny bedrift for å få realisert ideen. Hvis du er klar til å begynne, er det tid for å aktivere og implementere din strategi.

Alt dette kan virke som en lang reise, men hvis du deler prosessen opp i mindre biter, er det enklere å begynne. Gjør deg klar til å igangsette ideen og åpne dørene.

BRUK AV GRUPPEARBEID

Dette heftet vil være en ressurs for enkeltpersoner, men kan også benyttes i gruppearbeid. Skal du kjøre prosessen som et gruppearbeid, kan dette utføres på en enkelt dag, eller gå over flere dager der man setter av opptil hele dager til hvert enkelt steg.

Vi inviterte designere, vitenskapsfolk, salgssjefer, teknologer og gründere for å hjelpe til med å utarbeide heftet. Sammen utforsket vi prosessen, tilegnet oss ny lærdom og videreutviklet prosessen. Dette hjalp enkelte med en nyetablering og andre med å videreutvikle en eksisterende bedrift. Hvert steg representerer en viktig fase i utviklingen av ideen din.

Deltakerne kan arbeide i grupper på fire eller fem personer for å utvikle en forretningsidé. Dette kan både være fiktive forretningsideer og eksisterende foretak.

Agenda for gruppearbeidet kan være som følger:
- Velkomst: En introduksjon av prosessen.
- Presenter de fire ulike oppstartshistoriene for å starte en idémyldring.
- Bruk 20 minutter på hvert av de fire stegene.
- Husk å ta pause med forfriskninger der deltakerne kan mingle, få ny informasjon og bli tilført ny energi.

Hva trenger du til gruppearbeidet:
- En stor papirrull
- A4-ark
- Skrivemateriell
- Forfriskninger

Betraktninger som er delt:

«Steg-for-steg-prosessen i heftet om forretningsdesign gjør at personer med både nye og fullt utviklede ideer kan ta bedriften opp på neste nivå på en kortfattet og praktisk måte.»
– Rita Fernandez

«Et morsomt og inspirerende gruppearbeid som hjelper deg med å videreutvikle dine gründerferdigheter.»
– Mariana Jungmann

FORRETNINGS-DESIGNERENS HATT

Utforsk fem viktige nøkkelkonsepter i entreprenørskap.

Bak prosessen står det fem viktige prinsipper som vil hjelpe deg underveis: *Kreativitet, tilpasningsdyktighet, integrering, stabilitet og formål*. Å benytte disse i det daglige arbeidet er nøkkelen til å beherske forretningsdesign.

Kreativitet

Kreativitet er drivkraften i bedriften. Å utvikle en forretningsidé er bare starten på en reise der du må forbli motivert og – viktigst av alt – være kreativ både i tenkning og lederskap. Kreativitet er nødvendig både når du får en ny idé, utvikler ideen til å bli levedyktig, definerer hvordan du kan tjene penger, og når du skal implementere din markedsstrategi. Det viktigste av alt er å være kreativ når du skal etablere en god teamkultur rundt ideen din. Dette betyr igjen at teamets kollektive kreativitet kan blomstre og gi bedriften konkurransefordeler.

Å være kreativ krever kunnskap som lar deg flytte grenser og skape noe varig. Å drive en bedrift i dagens marked stiller krav til kontinuerlig nysgjerrighet og en uslokkelig kunnskapstørst. Kognitive evner, integrert tenkning, hardt arbeid og fullt fokus er nødvendig. Ved å skaffe deg og reflektere over ny innsikt vil du videreutvikle og forbedre dine kreative evner. Kontinuerlig prøving og feiling vil være en viktig del av forretningsdriften, for enhver suksessrik igangsetter kan bekrefte at et eller annet tilbakeslag ikke er til å unngå.

Dyktige bedriftsledere lærer av sine problemer og vet at en ikke kan unngå tilbakeslag på veien til suksess. Ved å oppdage og akseptere hva som gikk galt og når det skjedde, forstå hvorfor det gikk som det gikk og hvordan man kan unngå liknende feil i fremtiden, er det lettere å oppnå målene.

Tilpasningsdyktighet

Suksessrike gründere har en tendens til å være mer ressurssterke og tålmodige enn andre. Å skape et nytt marked eller revolusjonere et utdatert, betyr å ta en stor risiko. Å komme med noen radikalt nye løsninger til markedet og «forstyrre» markedsdynamikken vil kreve ekstra mye målbevissthet og tilpasningsdyktighet. Det kan oppleves som å bevege seg mot enveiskjøringen. Når bedriften lykkes, kan man for en stund oppleve et marked tilsynelatende uten konkurrenter.[11]

Du vil møte skeptikere på hvert eneste område i livet. Å ha styrke til å gå veien alene og å ha tro på både ideen og deg selv, er nødvendig for å lykkes. Det å fremstille noe som suksess før det er det, er kjent som «fake it till you make it»-tilnærmingen, der næringslivsledere benytter seg av det som sosialpsykologer kaller inntrykksstyring.[12]

For å bygge opp et eksklusivt motevaremerke kreves det at designeren både skaper ideer og lager plaggene. I tillegg må kolleksjonen vises til publikum på et moteshow. Både materialer og arbeidskraft koster penger – men det dyreste er ofte moteshowet. På dette kritiske punktet av forretningsdriften er merkevarekunnskap alfa og omega. Bak suksessrike motevaremerker står det alltid en tilpasningsdyktig gründer.

DETTE FIRMAET OPPSTO VED
TÅLMODIG ARBEID

I 1977, inspirert av punk rockens DIY-estetikk, bestemte en musikkelsker seg for å starte sitt eget plateselskap for å gi ut favorittmusikken. Han lovte seg selv at kreativitet skulle være hovedfokus, ikke penger. Da plateselskapet gikk bra, avslo han flere tilbud om kjøp. Da selskapet gikk dårlig og han var på randen av konkurs, holdt han likevel ut. Heldigvis kom redningen i form av artister som Aphex Twin og Adele. Arbeidsmoral og tro på selskapet hadde dermed betalt seg. Martin Mills holder løftet han ga seg selv og er fortsatt daglig leder i selskapet. Han arbeider fra et beskjedent kontor i London og nyter hvert eneste minutt på jobb.

http://www.beggars.com

Etter flere års arbeid og mot alle odds, kan man føle at man har lyktes. Du må likevel forbli innovativ. Mens stadig nye konkurrenter dukker opp i horisonten, må du bevare evnen til å være «forstyrrende» i egen bedrift for å forbli markedsleder.

Integrering
Når du integrerer alle gjøremålene dine i hovedvisjonen, sørger du for å optimalisere alle delene av bedriften. Dette avhenger av et effektivt engasjement og samarbeid både innenfor og utenfor organisasjonen.

Målet er å bygge en responsiv organisasjon. Måten du organiserer på vil tjene bedriften slik at samtlige aktiviteter gjør virksomheten mer tilpasningsdyktig. For eksempel har t-skjorteprodusenten «Threadless» bygget et samfunn av designere, kunstnere, illustratører og alle andre som elsker t-skjorter med unik design ved å invitere potensielle kunder til både å designe og stemme på deres egen favoritt. Dette samfunnet, som er bygget på en felles lidenskap for t-skjorter med eksentrisk design, gjør at potensielle kunder både kan være kunstnere og markedsførere.

Når du ser på de ulike avdelingene i bedriften som et system som arbeider sammen, kan du oppnå stor effekt med små justeringer. Ved å inspirere og engasjere både ansatte og kunder kan du skape en progressiv organisasjon. Dette vil gi et vesentlig bidrag til bedriftens suksess.

Stabilitet
Det er fullt mulig å tjene penger på sosiale formål. I dagens næringsliv er det flere enn noensinne som kombinerer slike formål med å tjene penger. Du må imidlertid være varsom, for drømmen er ikke nok i seg selv. Uten en realistisk måte å finansiere bedriften på, vil den ikke overleve lenge. Også ideelle

aktører som ofte er avhengig av offentlig støtte, finner innovative måter for å finansiere driften.

Det er en god idé å identifisere og utforske ulike inntektskilder i oppstartsfasen. Facebook var i starten en plattform for å sette mennesker i kontakt med hverandre, først senere implementerte man metoder for å tjene penger.[13] Det samme gjelder Amazon. Dette er selvsagt ikke mulig bestandig, men det er verdt å merke seg at enkelte selskaper i dagens samfunn henter overskuddet fra andre steder enn hovedvirksomheten.

I mange tilfeller vil det å planlegge mer enn én inntektskilde hjelpe til med å bygge en robust virksomhet. Å gå på sparebluss betyr å bruke minimalt med ressurser for å få et produkt eller en tjeneste ut på markedet.[14]

Førsteinntrykket er viktig, dermed må prototypen holde mål. Det vil du tjene på i det lange løp. Så snart du har levert det kundene ønsker og går med overskudd, bør du reinvestere pengene for å styrke likviditeten.

Formål

Å ha et formål med det du ønsker å oppnå, hvordan du vil bruke tiden og hva du vil bruke energi på, er et godt utgangpunkt for å starte en virksomhet eller et prosjekt. I dag er det enkelt for forbrukere å orientere seg i markedet for å velge produkter og tjenester fra bedrifter der verdisettet ligner mest på ens eget.

Det å ha så stor tro på noe at du faktisk kan utvikle din egen bedrift av det, kan være svært lønnsomt siden både ansatte og kunder sannsynligvis vil adoptere din visjon. Hvis din virksomhet har som mål å overgå kundenes forventninger, vil kundene bli så dedikerte at de med glede gjør mesteparten av markedsføringen og promoteringen for deg.

Sett i gang, lykke til!

RESSURSER

Nyttige referanser til hjelp i ulike stadier av prosessen.

Både næringslivsledere og designstrateger er på vei i en retning der design møter forretningsdrift. Nedenfor finner du et utvalg bøker som har inspirert oss i utviklingen av prosessen. Vi lister opp både akademiske tekster og inspirerende bøker fra det praktiske liv. I verktøy-seksjonen kan du finne praktiske verktøy som du kan benytte sammen med dette heftet.

Forretnings-, kreativ- og designtenkning
Abbing, Eric Roscam. 2010. *Brand-driven Innovation*. London: AVA Publishing.

Belsky, Scott. 2010. *Making Ideas Happen: Overcoming the Obstacles between Vision and Reality*. London: Portfolio Penguin.

Brown, Tim. 2009. *Change by Design: How Design Thinking Transforms Organisations and Inspires Innovation*. New York: Collins Business.

Csikszentmihalyi, Mihaly. 2008. *Flow: The Psychology of Optimal Experience*. London: Harper Perennial.

De Bono, Edward. 1996. *Serious Creativity: Using the Power of*

Lateral Thinking to Create New Ideas. 3rd ed. London: Harper-Collins.

De Bono, Edward. 2010. *Lateral Thinking*. New ed. London: Viking.

Hestad, Monika, Grønli, Anders og Rigoni, Silvia. 2017. *Det lille heftet om designtenkning: En introduksjon*. London: Brand Valley Publications.

Kelley, David M og Kelley, Tom. 2013. *Creative Confidence: Unleashing the Creative Potential within Us All*. London: Harper-Collins Publishers.

Kim, W. Chan og Mauborgne, Renée. 2015. *Blue Ocean Strategy: How to Create Uncontested Market Space and Make Competition Irrelevant*. Boston, MA: Harvard Business Press.

Lehrer, Jonah. 2012. *Imagine: How Creativity Works*. New York: Houghton Mifflin Harcourt.

Lewrick, Michael, Link, Patrick og Larry Leifer. 2017. *The Design Thinking Playbook : Mindful Digital Transformation of Teams, Products, Services, Businesses and Ecosystems*. Hoboken, John Wiley & Sons Inc.

Martin, Roger. 2007. *The Opposable Mind: How Successful Leaders Win through Integrative Thinking*. Boston, MA: Harvard Business School Press.

Martin, Roger. 2009. *Design of Business: Why Design Thinking is the Next Competitive Advantage*. Boston, MA: Harvard Business Press.

Pink, Daniel H. 2008. *A Whole New Mind: Why Right-brainers Will Rule the Future*. London: Marshall Cavendish.

Pink, Daniel H. 2009. *Drive: The Surprising Truth about What Motivates Us*. New York: Riverhead Books.

Shirky, Clay. 2010. *Cognitive Surplus: Creativity and Generosity in a Connected Age*. London: Allen Lane.

Van Der Pijl, Patrick et al. 2017. *Design a Better Business : New Tools, Skills, and Mindset for Strategy and Innovation*. Hoboken, NJ: John Wiley & Sons Inc.

Gruppearbeid, innovasjon og organisasjonsendringer

Altman, Jonas. 2020. *Shapers: Moving with the New World of Work*. London: Wiley.

Clear, James. 2018. *Atomic Habits: An Easy and Proven Way to Build Good Habits and Break Bad Ones*. London: Cornerstone.

Drucker, Peter F. 2008. Managing Oneself. *Harvard Business Review*. 76(6): 149–57.

Drucker, Peter F. 1998. The Discipline of Innovation. *Harvard Business Review*. November–December: 3–8.

Edmondson, Amy. 2012. *Teaming: How Organisations Learn, Innovate, and Compete in the Knowledge Economy*. Hoboken, NJ: John Wiley & Sons.

Handy, B. Charles. 1991. *The Age of Unreason*. New ed. London: Random House Business Books.

Kotter, John P. 2012. Leading Change, with a New Preface by the Author. *Harvard Business Review Press.*

McChrystal, General Stanley A., Silverman, David, Collins, Tantum, Fussell og Chris. 2015. *Team of Teams: New Rules of Engagement for a Complex World.* London: Penguin.

Shirky, Clay. 2009. *Here Comes Everybody: How Change Happens When People Come Together.* London: Penguin.

Tu, Khoi. 2012. *Superteams: The Secrets of Stellar Performance from Seven Legendary Teams.* London: Portfolio Penguin.

Von Hippel, Eric. 2005. *Democratizing Innovation.* Cambridge, MA: MIT Press.

Forretningsplaner og entreprenørskap
Aulet, Bill. 2013. *Disciplined Entrepreneurship.* Hoboken, NJ: John Wiley & Sons.

Blank, Steven G. og Dorf, Bob. 2012. *The Startup Owner's Manual: The Step-by-Step Guide for Building a Great Company.* Pescadero, CA: K&S Ranch Press.

Boguski, Alex og Winsor, John. 2009. *Baked In: Creating Products and Services that Market Themselves.* Evanston, IL: Agate Publishing.

Godin, Seth. 2010. *Linchpin: Are You Indispensable? How to Drive Your Career and Create a Remarkable Future.* Kindle ed. London: Hachette Digital.

Osterwalder, Alexander og Pigneur, Yves. 2010. *Business Model Generation: A Handbook for Visionaries, Game Changers and Challengers*. London: John Wiley & Sons.

Read, Stuart, Sarasvathy, Saras, Dew, Nick, Wiltbank, Robert and Ohlsson, Anne-Valérie. 2010. *Effectual Entrepreneurship*. London: Routledge.

Strategi
McKeown, Max. 2011. *The Strategy Book: How to Think and Act Strategically to Deliver Outstanding Results*. 1st ed. London: Financial Times/Prentice Hall.

Ries, Eric. 2011. *The Lean Startup: How Constant Innovation Creates Radically Successful Businesses*. London: Portfolio Penguin.

Rumelt, Richard P. 2011. *Good Strategy/Bad Strategy: The Difference and Why It Matters*. London: Profile Books.

Nettressurser og verktøykasser
Business Model Canvas:
https://www.strategyzer.com/canvas
Circular Design Guide: https://www.circulardesignguide.com
Design Management Institute: https://www.dmi.org
Ellen Mac Arthur Foundation: https://www.ellenmacarthur-foundation.org/circular-economy/what-is-the-circular-economy
Fast Company: https://www.fastcompany.com
Fast Company Co-Exist: https://www.fastcoexist.com
FN: https://www.fn.no/Om-FN/FNs-baerekraftsmaal
Forbes: https://www.forbes.com
Harvard Business Review: https://hbr.org

Inc.: https://www.inc.com
Investopedia: https://www.investopedia.com
Techcrunch: https://techcrunch.com
Ted Talks: https://www.ted.com/topics/entrepreneur
Sirkulær design guide: http://startupclass.samaltman.com
Startup class: http://startupclass.samaltman.com
Startup Grind: https://medium.com/startup-grind
Strategy + Business: https://strategy-business.com

Selskaper det refereres til i heftet:
Airbnb: https://www.airbnb.com
Beggars Group: https://beggars.com
BRIGHT products: https://bright-products.com
Honibe: https://honibe.com
Hövding: https://hovding.com
TCHO: https://tcho.com
Threadless: https://www.threadless.com

SLUTTNOTER

1. For mer om Design Management Index se https://www. dmi.org/page/DesignValue/The-Value-of-Design-.htm
2. Paulsson, Gregor. 1919. *Vackrare Vardagsvara,* Svenska Slöjdföreningen, Stockholm, Sverige
3. Det finnes en rekke forfattere som opererer i skjæringspunktet mellom design og forretningsdrift. Noen av de viktigste er Roger Martin (tidligere dekan ved Rotman School of Management), Rob Harvey (tidligere visepresident i Herman Miller), Tim Brown (president i IDEO), John Maeda (president ved Rhode Island School of Design) og David Kelley (grunnlegger av IDEO og skaper av Stanford's d.school).
4. Konseptet «Tåkete begynnelse» (Fuzzy Front End) er utviklet av Preston G. Smith og Donald G. Reinertsen.
5. Skal du utvikle en forretningsidé fra grunnen av, les vårt hefte: Hestad, Monika, Grønli, Anders og Rigoni, Silvia. 2017. *Det lille heftet om designtenkning: En introduksjon.* London: Brand Valley Publications.
6. Johansson, Frans. 2004. *The Medici Effect: What Elephants and Epidemics Can Teach Us about Innovation.* Boston, MA: Harvard Business Press.
7. Johnson, Steven. 2011. *Where Good Ideas Come From.* New York: Penguin Putnam Inc.
8. Alexander Osterwalder's Business Model Canvas kan lastes ned fra: https://www.strategyzer.com/canvas (tilgjengelig 27. september 2019).
9. Inspirert av Max McKeown 2011. *The Strategy Book: How to Think and Act Strategically to Deliver Outstanding Results,* 1st ed. London: Financial Times/Prentice Hall.
10. Fra Tom Grubers Ted Talks som kan sees på: https://www. ted.com/talks/tom_gruber_how_ai_can_enhance_our_memory_work_and_social_lives/up-next (tilgjengelig 14. oktober 2019).

11. Konseptet «Blått hav» (Blue Ocean) er utviklet av Kim, W. Chan og Mauborgne, Renée. 2005. *Blue Ocean Strategy: How to Create Uncontested Market Space and Make Competition Irrelevant*. Boston, MA: Harvard Business Press.
12. Bruder, Jessica. The Psychological Price of Entrepreneurship, *Inc 500 Magazine*, September 2013, s. 72.
13. Statistikk fra Henry Hitchings. From Town Criers to Trending Tweets, *Wall Street Journal*, 20. oktober 2013.
14. Se for eksempel Ries, Eric. 2011. *The Lean Startup: How Constant Innovation Creates Radically Successful Businesses*. London: Portfolio Penguin eller Blank, Steven G. og Dorf, Bob. 2012. *The Startup Owner's Manual: The Step-by-step Guide for Building a Great Company*. Pescadero, CA: K&S Ranch Press.

FORFATTERNE

Jonas Altman - *forfatter*
Jonas Altman er grunnlegger av den prisbelønte designbedriften Social Fabric, som holder til i London og Vancouver. Jonas skaper læringserfaringer som forandrer lederes metoder for organisering og innovasjon. Han har designet flere motevaremerker, startet et musikkbyrå, skapt Londons første livsstils- og teknologiinkubator og samarbeidet med flere verdensledende organisasjoner som Google, Sony Music, BBC og the Tate and Cancer Research UK. Jonas er professor II i entreprenørskap og innovasjon ved UBC Sauder School of Business og veileder gründere verden over med å oppnå best mulig resultater. Han er skribent hos Quartz at Work, Inc.com, Thrive Global og The Guardian.

Dr. Monika Hestad - *forfatter*
Monika Hestad er grunnlegger av Brand Valley, et uavhengig firma for strategisk rådgivning basert på 15 års forskning på designledelse og merkevarebygging. Monika har praktisert og undervist i designledelse og merkevarebygging siden 2004. Hun underviser i strategisk designtenkning ved MA Innovation Managementprogrammet ved Central Saint Martins, University of the Arts i London og designledelse ved Arkitektur- og designhøyskolen i Oslo. Hennes bok *Branding and Product Design: An Integrated Perspective* er utgitt av Routledge. Monika er utdannet sivilindustridesigner og har en doktorgrad (PhD) i industridesign og merkevarebygging fra Arkitektur- og designhøgskolen i Oslo.

Mo-Ling Chui - *gjesteskribent*
er Course Director for BA (Hons) Design Management and Cultures ved London College of Communication, University of the Arts London. Hun er kreativ leder, strateg, kurator og fasilitator med nesten 20 års erfaring fra utvikling, ledelse og arbeid med mangesidige internasjonale prosjekter. Som meddirektør ved Current.works hjelper hun diverse organisasjoner med kulturell forskning og å bygge opp fremtidsrettet og humanitær designkompetanse med mennesker i fokus.

Silvia Rigoni - *illustrasjoner*
Silvia har en sammensatt faglig bakgrunn fra produktdesign, prosjektledelse og innovasjonsledelse. Hennes lidenskap og spesialitet er innovasjon innen mat og helse. Hun har en bachelorgrad i industridesign fra IED i Roma og en mastergrad i innovasjonsledelse fra Central Saint Martins College of Art and Design i London. I skrivende stund arbeider hun som «Innovation Manager» ved Cancer Research, UK.

BRAND VALLEY PUBLICATIONS

Brand Valleys arbeid bygger på mer enn ett tiårs forskning i merkevarebygging, design og innovasjon, med et kontinuerlig ønske om å utvikle og dele kunnskap på tvers av disse fagene. Formålet med heftene er å tilrettelegge for virksomhet i det postindustrielle samfunnet. Heftene bygger på en tro om at folk responderer på organisasjoner som er kreative, integrerte, verdiorienterte, reflekterende og bærekraftige.

Alle heftene er samarbeidsprosjekter som Brand Valley har med partnere i akademia eller andre konsulentfirma. Brand Valley Publications er forlagsdelen av Brand Valley Design Ltd (Storbritannia) og Brand Valley AS (Norge).

www.brandvalley.co.uk
publications@brandvalley.co.uk
Facebook: @BrandValley
Twitter: @brandval

TAKK!

Læringsprosessen og inspirasjonen til å utarbeide dette heftet ville ikke ha vært mulig uten opplæring og støtte fra kollegaer, klienter, familie, venner og studenter underveis.

Vi vil spesielt nevne familien, Anders Grønli, Joel Altman og Trond Bjerge, for tålmodighet og inspirasjon. Vi vil også takke kollegaer og særlig Marianne Lydersen, Komal Mangu, Ihna Stallemo og Anne Maria Røe som bidro med nøkkelkunnskap for å bringe tankeprosessen videre. Som vanlig har studentene ved Arkitektur- og designhøgskolen i Oslo og mastergradsstudentene ved Innovation Management, Central Saint Martins gitt innspill under de forskjellige stegene i prosessen.

Innspill og tilbakemeldinger har vært svært viktig for å heve kvaliteten i heftet, samtidig som det også har bidratt til å gjøre utviklingsprosessen av heftet givende. Vi ser frem til å videreutvikle tankeprosessene i fellesskap.

www.ingramcontent.com/pod-product-compliance
Lightning Source LLC
Chambersburg PA
CBHW041217030426
42336CB00023B/3366